Inauguration

DE LA STATUE

INAUGURATION

DE LA STATUE

DU GÉNÉRAL CATHELINEAU,

Au Pin-en-Mauges,

DÉPARTEMENT DE MAINE ET LOIRE,

LE 9 AOUT 1827.

Se vend au profit de l'hospice du Pin-en-Mauges, 1 fr. 50 c.

ANGERS.

MAME AINÉ, IMPRIMEUR DU ROI ET DE LA PRÉFECTURE.

1827.

INAUGURATION

DE LA STATUE

DU GÉNÉRAL CATHELINEAU,

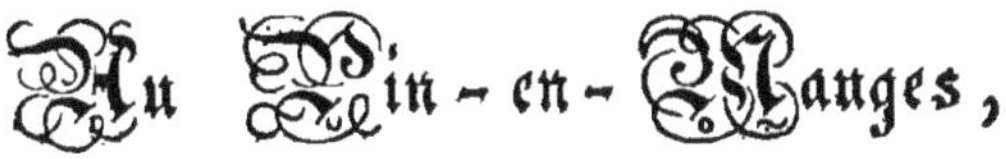

LE 9 AOUT 1827.

DESCRIPTION DU MONUMENT DE CATHELINEAU.

La première pierre en a été posée le 4 juillet 1826; l'inauguration en a été faite le 9 août 1827.

Le monument de Cathelineau est situé dans la commune du Pin-en-Mauges, arrondissement de Beaupreau, département de Maine et Loire, lieu de sa naissance et près de la maison qu'il habitait.

Le terrain sur lequel il est construit est à l'extrémité la plus élevée et à l'entrée du bourg, venant de Beaupreau ou de Saint-Florent.

La forme est un grand ovale de 102 pieds de longueur sur 72 de largeur; il est entouré d'un mur d'appui de 2 pieds et demi de hauteur, sur lequel posent 32 pilliers quarrés de 9 pieds de hauteur au-dessus du petit mur; les chapiteaux ont 2 pieds et les côtés 18 pouces en quarré.

Entre chaque pilier sont des claires-voies dont les montans sont terminés par des sacrés cœurs et des fleurs de lys alternativement; sur chaque pilier est un vase de forme antique (1).

L'entrée de cette enceinte, appelée *place Cathelineau*, est à l'extrémité du grand diamètre de l'ovale, du côté du bourg; elle est formée de trois intervalles contigus entre quatre piliers. On monte 6 marches qui forment un perron en portion d'arc de 26 pieds de longueur; près et vis-à-vis l'ouverture du milieu est un calvaire, dont la croix, parsemée de cœurs dorés, a 25 pieds de hauteur au-dessus de l'autel.

Au milieu de la place est la statue de Cathelineau, en un seul bloc de belle pierre de Saintes, dite Crassane (2). Le corps a 7 pieds. Il est représenté en costume villageois, habit court, croisé sur la poitrine, des pistolets dans une écharpe à gros nœuds, le chapelet pendant sur sa poitrine et un sacré cœur à sa gauche plaqué sur l'habit. Sa main droite est armée d'un sabre, dont la pointe arrive à une inscription : *Dieu et le Roi!* sculptée sur le piédestal d'une croix dont il embrasse le montant, et dont les bras dépassent sa tête; sa figure regarde le ciel que, par l'expression de ses traits, il invoque pour le succès de son entreprise; son chapeau décoré de rubans et de panache est posé sur le piédestal de la croix; un manteau bien drapé tombe de son épaule gauche, et couvre le derrière du piédestal de la croix.

Le piédestal a 9 pieds de hauteur, 5 de largeur à sa base, et 4 du chapiteau à la base.

Les quatre côtés sont garnis d'inscriptions gravées sur la pierre de rairie dont est formé le piédestal.

---

(1) Cette clôture ressemble parfaitement à celle qui borde les Tuileries du côté de la rue de Rivoli à Paris, excepté qu'il y a des cœurs et des fleurs de lys alternativement.

(2) Le sculpteur est M. Dominique Molchnehl, Tyrolien, établi à Nantes, qui a fait la première statue de Louis XVI, et 20 autres statues. Il mérite, par son talent et ses sentimens, d'être employé pour la composition et l'exécution des monuments religieux et royalistes,

Sur celle de face, on lit :

CATHELINEAU,

GÉNÉRAL EN CHEF

DES ARMÉES

CATHOLIQUES

ET ROYALES.

1793.

Sur celle de droite, on lit le récit des actions militaires de Cathelineau, depuis le jour de son départ, jusqu'à celui de sa mort, comme il suit :

« *Tempore brevi, explevit tempora multa.*

» *Le 13 mars* 1793, il part d'ici à la tête de 30
» parens ou amis; leur nombre s'augmente à la
» Poitevinière. Il bat les garnisons de Jalais et de
» Chemillé, et s'arme avec leurs fusils et leurs ca-
» nons. *Le* 14, il avait 300 hommes; il prend Cho-
» let. *Le* 16, victoire à Vihiers. *Le* 19, il prend Cha-
» lonnes. *Le* 20, Saint-Florent. *Le* 29, combat à
» Saint-Lambert. Repos pour les Pâques. *Le* 11
» *avril*, victoire à Saint-Pierre de Chemillé. *Le* 12,
» il se porte à Tiffauge. *Le* 16, il surprend Cholet.
» *Le* 17, victoire à Vezins et à Coron. *Le* 18, prise
» du château de Boisgroleau. *Le* 23, prise de Beau-
» preau. *Le* 24, il dégage Chalonnes. Licenciement
» jusqu'au 28. *Le* 1.er *mai*, il prend Argenton. *Le* 2,
» il accompagne M. Henri de Larochejaquelein à
» Bressuire. *Le* 5, il était à la prise de Thouars, et
» *le* 8, à Parthenay. *Le* 13, prise de la Chatai-
» gneraie. *Le* 16, contre son avis, on marche sur
» Fontenay ; l'armée y éprouve un échec qui est re-
» paré, *le* 24, en prenant la ville et tout ce qu'on
» avait perdu. Après un court repos, *le* 4 *juin*,
» M. Cathelineau, réuni à M. de Bonchamps, chasse
» l'ennemi de Doué. *Le* 8, il le bat encore à Mon-
» treuil. *Le* 9, il était sous les murs de Saumur,

» qui fut pris le 10, par ses conseils; le château ca-
» pitule *le* 11. *Le* 12, il est nommé général en chef.
» *Le* 18, l'armée entre à Angers, d'où elle part
» *le* 25, pour attaquer Nantes. *Le* 28, prise de Nort,
» *Le* 29, le général, au moment d'entrer à Nantes,
» est renversé par une blessure. Il est porté à Saint-
» Florent où il meurt, le 4 *juillet*, âgé de 34
» ans et demi, laissant aux soins de la Providence sa
» femme, quatre filles et un fils, maintenant offi-
» cier de la garde royale et père de 6 enfans. »

Sur la face de gauche, on lit l'ordre du jour, de Saumur, qui l'a nommé général en chef, comme il suit (1).

« Aujourd'hui 12 juin 1793, l'an I.er du règne
» de Louis XVII;

» Nous soussignés commandant les Armées catho-
» liques et royales;

» Voulant établir un ordre stable et invariable
» dans notre armée, avons arrêté qu'il sera nommé
» un Général en chef de qui tout le monde prendrait
» l'ordre; d'après le scrutin, toutes les voix se sont
» portées sur M. Cathelineau qui a commencé la
» guerre, et à qui nous avons tous voulu donner
» des marques de notre estime et de notre recon-
» naissance,

» En conséquence, il a été arrêté :

» Que M. Cathelineau serait reconnu en qualité
» de général en chef, et que tout le monde prendrait
» l'ordre de lui.

» Fait à Saumur, en conseil, au quartier géné-
» ral, ledit jour et an que dessus.

» De Lescure, d'Elbée, Stofflet, Bernard de Ma-
» rigny, Duhoux-d'Hauterive, de Bonchamps,
» Henri de Larochejacquelein, chevalier de
» Beauvolier, Laville de Beaugé, Desessarts, de
» Laugrenière, de Boisy, de Beauvolier, de
» Hargues, de Donnissan. »

Il y a sur l'original quelques autres signatures

(1) L'original est chez M. de Cathelineau, à Beaupreau.

que l'humidité de la terre, où il est long-temps resté caché, a effacées.

Sur la quatrième face, sont les vers suivans :

« Illustres vendéens, compagnons de sa gloire,
» Venez du Saint d'Anjou révérer la mémoire ;
» Marchant à votre tête, il soutint à la fois
« Les autels de son Dieu, le trône de ses Rois ;
» Pour défendre des lys l'éclatante bannière,
» Il quitte ses enfans, sa femme, sa chaumière ;
» Il dit, en s'éloignant, les regards vers les cieux,
» Divine Providence ! ayez les yeux sur eux,
» Je vais sauver la France ; et, supérieur aux larmes,
» Il vole à ses amis, leur fait prendre les armes :
» Le cri : VIVE LE ROI ! leur sert de rallîment.
» Leur marque distinctive est le panache blanc ;
» Par la religion animant leur courage,
» Leurs cœurs, d'un Saoré Cœur, portent la sainte image :
» Du pied des saints autels exhortant ses soldats,
» Le rosaire à la main, il les mène aux combats :
» Comme au cœur de David, à son cœur Dieu s'adresse ;
» Dans les camps, aux conseils lui dicte sa sagesse :
» Unis sous ses drapeaux, l'honneur et la vertu,
» Au cri : DIEU ET LE ROI ! toujours ont combattu ».

Sur la face et les deux côtés latéraux de chacun des trente-deux piliers entourant la place, sont gravés, en désignant les communes, les noms des vendéens qui sont morts ayant combattu pour la cause royale, dans les divers corps et sous les commandans qui ont succédé à Cathelineau, de sorte qu'il est représenté partant pour son expédition, entouré de ceux qui ont servi la même cause que lui.

Par une heureuse situation locale, le général Cathelineau paraît sortir de sa maison qui est à sa gauche, un peu en arrière, et prendre sa direction vers Jalais, ce qu'il fit en effet.

Sur la marche du piédestal, du côté où sont les vers, on lit l'inscription suivante :

« La première pierre de ce monument a été posée » le 4 juillet 1826, par M. de Chantreau, sous-pré- » fet, en présence de M. le marquis de Civrac, ma- » réchal-de-camp et député du département de » Maine et Loire, de M. Raimbault, curé ; de M. » Gabory (1), maire, et d'un grand concours de » vendéens. »

Sur les trois autres côtés de la marche du piédestal on lira l'inscription suivante :

« S. M. Charles X a honoré l'inauguration de ce » monument, s'y étant fait représenter par M. le » général Sapinaud, le plus ancien des généraux de » la Vendée, existans. Cette fête, où ont assisté 1800 » Vendéens armés, a eu lieu le 9 août 1827, en pré- » sence de M. le lieutenant-général comte d'Auti- » champ, ancien général en chef de la Vendée, M. » le duc de Mortemart, M. le vicomte Donadieu, » commandant la 4.e division militaire ; M. le comte » de Bourmont, M. le comte de la Potherie, M. le » marquis de Civrac, M. le comte de Colbert, M. » le marquis de Courtavel, M. le marquis Oudinot, » M. de Chantreau, sous-Préfet ; de MM. Lhuil- » lier, Dudoré, Caqueray, la Sorinière, Soyer, Pau- » vert, et autres anciens commandans des Vendéens, » ainsi que les propriétaires les plus distingués » du département et des départemens voisins. »

M. l'abbé de Chantreau, grand-vicaire de M.gr l'évêque de Luçon, a officié à la grand'messe d'actions de grâces, pendant laquelle on fit une quête pour l'hospice du Pin. M. le duc de Mortemart donnait la main à M.me la comtesse d'Autichamp ; M. le comte d'Autichamp, à M.me la comtesse Arthur de Lostanges.

Après la revue, on découvrit la statue qui était restée couverte d'un drapeau blanc, surmontée d'une couronne de lauriers, et MM. Martin, curé de Mon-

(1) Ami et compagnon d'armes de Cathelineau et blessé à la Châtaigneraie.

trevault, de Sapinaud, d'Autichamp, de Chantereau et de Cathelineau, prononcèrent les discours que l'on verra ci-après.

Les vendéens ayant défilé au pied de la statue, au cri de VIVE LE ROI ! furent prendre place aux tables qui, au nombre de treize, étaient placées dans le jardin de la cure. Sept de ces tables étaient sous une charmille de 110 pieds de longueur, et 20 de largeur, couverte dans sa totalité par des voiles; au milieu, contre le feuillage, était le buste du Roi, au dessous duquel était le général Sapinaud : à une extrémité on lisait : VIVE LE ROI, et à l'autre : DIEU ET LE ROI; tout le long de la charmille étaient en corniche, des festons en guirlandes de fleurs d'où pendaient 24 cadres où on lisait les noms de personnages illustres des armées de l'ouest qui, dès le premier soulèvement en 1793 jusques pendant les cent jours, en 1815, ont péri pour le maintien de la royauté.

A une des tables de la charmille, vis-à-vis le buste du Roi, était placée la famille du général Cathelineau, au nombre de vingt-trois, dont cinq enfans du général et leurs enfans; en tête était la belle-mère du général, seconde femme de son père, âgée de 73 ans; elle fut présentée à M. le général Sapinaud, ainsi que les trois fils de M. de Cathelineau, seul fils du général, et qui sert actuellement dans la compagnie des gardes-du-corps, à pied, du Roi, sous les ordres de M. le duc de Mortemart, qui a pour lui toute la considération que mérite son zèle pour le Roi; qui a hérité de toutes les vertus de son père, et qui a donné des preuves de courage et de dévouement dans la dernière campagne de la Vendée, en 1815, sous les ordres de M. le comte Auguste de Larochejaquelein, dans le 4.e corps.

Pendant le repas on proposa une souscription pour élever un monument, à Beaupreau, au général d'Elbée, et chacun s'empressa de s'y inscrire.

Après le repas les santés suivantes ont été portées :

Au ROI, par M. le général Sapinaud.

A S. A. R. M.gr le Dauphin, par M. le duc de Mortemart.

A S. A. R. M.me la Dauphine, par M. le comte d'Autichamp.

A S. A. R. M.me la Duchesse de Berry, par M. le vicomte Donadieu.

A S. A. R. M.gr le Duc de Bordeaux, par M. le comte de Bourmont.

A S. A. R. Mademoiselle, par M. le chevalier de Lostanges.

Après les couplets analogues à la fête, les Vendéens reprirent leurs armes aux faisceaux, et se mirent en marche pour retourner à leurs communes, aux cris de VIVE LE ROI ! vive le général Sapinaud ! vive le général d'Autichamp !

DISCOURS DE M. MARTIN,

CURÉ DE MONTREVAULT (1).

Accoutumé depuis près de 40 ans à prêcher l'Evangile aux peuples de la campagne, et à me servir des expressions les plus ordinaires, pour être entendu du plus grand nombre de mes auditeurs, j'ai dû hésiter pour parler devant une réunion aussi respectable; mais le désir si ordinaire aux vieillards de raconter ce qu'ils ont vu dans leur jeunesse l'a emporté, et j'ai pensé qu'il y avait des actions si grandes par elles-mêmes, qu'elles semblaient, pour ainsi dire, encore relevées par la simplicité du récit.

Une horrible révolution agitait ce royaume; on ne voulait plus reconnaître notre sainte religion; les temples profanés et fermés, ou démolis : les vases sacrés et les ornements livrés au pillage, les prêtres catholiques déportés ou massacrés : ceux qui étaient encore demeurés fidèles à leur Dieu et à leur Roi, exposés à toutes les vexations de hordes sans frein et sans loi, excités au crime, non-seulement par l'impunité, mais encore par des récompenses; enfin, dans une partie de la France, la religion de nos pères, la fidélité à l'auguste famille des Bourbons, s'étaient encore conservées; et aussi, c'était sur cette terre que se portaient les regards inquiets des révolutionnaires et qu'ils voulaient exercer leur fureur : un homme, JACQUES CATHELINEAU, s'écrie, comme un autre Machabée; pourquoi vivons-nous encore? Notre Roi a péri, son fils, son successeur est dans les fers; nous n'avons plus de temples, ni de prêtres; et suivi de ses frères et d'autres vrais français, il part, résolu de résister à l'oppression, sans calculer ses moyens et les forces de son ennemi : il pense que Dieu est pour lui, et qui pourra lui résister! Il est accompagné presque au même instant par les d'Elbée, les Bon-

(1) Ce discours qui devait être prononcé dans l'église, ne le fut pas par indisposition de l'orateur.

champs, les Bouëres, et autres qui n'avaient pu fuir sur une terre étrangère, des deux frères de Fleuriot, chassés de leur pays après une résistance devenue inutile.

Bientôt Chemillé, Cholet, S.t Florent, Beaupreau sont au pouvoir des royalistes; un chef unique devenait nécessaire. Cathelineau est nommé : il eut de suite à faire des preuves de prudence et de fermeté, comme il avait fait celles de courage : son armée, d'abord, n'avait d'autres armes que des bâtons, des fourches et des faux; bientôt le courage les fit changer contre celles de l'ennemi; chaque sabre, chaque fusil était un trophée conquis par la valeur. Avec les succès les secours augmentent : les Lescure, les Larochejaquelein, les Donnissan se joignirent à l'armée : Thouars et Fontenay sont pris. On se décide à attaquer la place d'armes de Saumur : après plusieurs combats glorieux, cette place est prise par les conseils de Cathelineau : Talmond et d'Autichamp vinrent nous y joindre : Angers est évacué : Nantes est encore au pouvoir des révolutionnaires : cette ville empêchait la communication des deux rives de la Loire : elle est attaquée, notre général est blessé mortellement. La victoire, jusqu'à ce jour compagne constante des Vendéens, semble un moment les abandonner : le général est transporté à S.t Florent : il y finit sa noble carrière, ainsi que de Fleuriot l'aîné blessé à la même affaire : il laisse en mourant ses frères d'armes héritiers de son héroïsme.

Je suivrai ici la marche que me trace l'honorable chevalier, fondateur du monument de Jacques Cathelineau ; il associe à la gloire de notre héros, tous ceux qui ont servi sous ses ordres, ainsi que ceux qui, en suivant son exemple sont morts pour la plus noble et la plus juste des causes.

La guerre continue ; toutes les hordes révolutionnaires fondent à la fois sur la terre fidèle : après des succès divers, les généraux et les officiers supérieurs succombent les uns après les autres; Delbée, digne successeur de Cathelineau est blessé à mort ; pris par les soi-disant républicains, ils lui envient quelques jours d'existence. Ils se hâtent de les abréger. Bonchamps, blessé à la même affaire, plus heureux, succombe bientôt au milieu des siens : il n'exerce ses fonctions de général en chef que quelques instants, et ces instants sont marqués par un trait d'héroïsme ; ô Bonchamps ! sous les ordres de qui j'ai eu l'honneur de servir, mes yeux presqu'éteints ont toujours des larmes pour pleurer votre perte.

Je n'entreprendrai point de vous peindre le passage de la Loire. Les femmes, les enfants, les vieillards, respectés des nations les plus barbares, ne le sont pas des révolutionnaires : obligés de fuir et d'abandonner leurs demeures déjà incendiées, ils se replient sur l'armée royale, et la petite ville de S.t Florent en est bientôt encombrée : enfin, le passage de la Loire est décidé ; sur l'autre rive, l'armée devient encore plus redoutable à ses ennemis, et plusieurs fois elle les étonna par son courage et leur ravit la victoire : enfin elle succombe, accablée par le nombre plutôt que vaincue.

Pendant la campagne de l'armée catholique royale sur la rive droite de la Loire, Pierre Cathelineau, digne émule du général, resté seul des quatre frères, harcelait les ennemis et retardait leurs ravages et leur cruauté. Il mourut, criblé de blessures, à la fleur de son âge. Il mérite dans l'histoire une place à côté de son frère

Notre malheureux pays souffre tout ce que la cruauté peut enfanter ; les femmes, les enfants, les vieillards sont massacrés ; des bourgs entiers, les maisons isolées sont dévorés par les flammes : les femmes fuyaient portant leurs petits enfants, et ceux qui peuvent marcher les suivent en s'attachant à leurs vêtemens : leurs époux sont morts, ou ils tâchent encore de les défendre. Les bestiaux arrivent pour rentrer dans leur asile, et ils mugissent auprès du feu qui les consume avec leur nourriture.

Le passage de la Loire paraît fermé ; mais, les Larocheaquelein, d'Elbée, d'Autichamp, La Bouëre

Stoflet et Baugé trouvent le moyen de rentrer dans cette malheureuse contrée, suivis d'autres braves; Les de Fleuriot, de Turpin, Martin et autres moins heureux sont forcés de rester sur la rive droite; ils y combattent et fondent une nouvelle Vendée. J'ai vu les premiers, marchant sur des cendres encore fumantes, manquant de vêtements dans la saison la plus rude, mangeant le pain noirci par le feu, que peut encore leur offrir le compagnon de leurs fatigues : espérant contre toute apparence, ils sont encore suivis de quelques Vendéens, échappés comme eux à la mort, et font souvent éprouver aux républicains des revers inattendus. Le brave Pierre Cathelineau errait encore avec 200 braves sur cette rive gauche, et se faisait redouter de l'ennemi, que son audace et son activité tenaient en alerte continuelle; il se joint à Larochejaquelein qui bientôt après succombe victime de sa témérité. Soyer reçoit une blessure incurable : il semble n'exister encore que pour gémir sur les tombeaux de ses camarades. Je ne le plains plus; il a eu le bonheur de revoir les Bourbons.

Forestier, que d'éclatantes qualités firent nommer général, meurt dans une terre étrangère.

Cet exposé très-abrégé peut donner une idée de la gloire acquise dans cette contrée et des malheurs qu'elle a éprouvés : j'aperçois des têtes couvertes de cheveux blancs, comme la mienne, des visages sillonnés par d'honorables blessures. Ils ont été acteurs dans les scènes que je viens de tracer : ils semblent n'avoir survécu à leurs camarades que pour les raconter à la postérité.

Vous jeunes gens, écoutez les récits de ces anciens: puisez-y, comme dans leur exemple, les sentiments d'amour pour votre Dieu, votre Roi et son auguste famille, qui les ont toujours guidés.

Vous foulez les impies: ils ne sont que de la cendre sous la plante de vos pieds : mais cette terre est aussi arrosée du sang des martyrs; je les vois dans le ciel : ils entourent notre Roi martyrisé, le premier qui, en perdant une couronne périssable, en a acquis une immortelle; cette Reine, si fière et si digne de l'amour des français sur laquelle la calomnie a déversé tous ses poisons : cette vierge, qui suit toujours l'agneau, parce qu'elle est sans tache : ce jeune Roi, victime innocente des fureurs révolutionnaires; ils ne règnent que dans le séjour du vrai bonheur : je les vois, dis-je, vêtus de robes blanchies par le sang de Dieu; ils adorent le Dieu trois fois saint, et ils célèbrent dans leurs cantiques le bonheur éternel dont ils jouissent.

DISCOURS DE M. LE Cte DE SAPINAUD,

LIEUTENANT GÉNÉRAL.

Chargé par Sa Majesté de l'insigne honneur de le représenter au milieu de vous, dans une journée si mémorable, j'ai dû obéir à ses ordres, en acceptant un emploi qui me réunit encore aux plus zélés de ses serviteurs, et qui est si propre à flatter tous les sentimens d'un cœur qui lui fut toujours dévoué. Qu'il est doux pour moi de rappeler à votre mémoire les hauts faits du héros que nous célébrons aujourd'hui, et de voir honorer par le meilleur des Rois celui qui en soutint les droits avec tant d'ardeur; celui qui fut le rempart et le bouclier de notre chère Vendée, celui que Bonchamps disait à si juste raison noble par ses exploits, riche de ses belles actions, et le premier qui, se montrant au milieu de l'agitation et du danger, détermina les esprits et leur marche, en se proclamant le chef de quiconque voudrait le suivre; celui que la mort moissonna trop tôt, pour notre bonheur à tous, et que nos regrets et nos larmes suivirent au tombeau.

Qu'ai-je besoin de vous redire les brillants exploits, les entreprises hardies et les heureux succès de ce grand homme ? Ils sont immortels comme lui, et ils rendront à jamais célèbre le Pin-en-Mauge, qui eut l'avantage de lui donner le jour. Vous tous, qui regardez comme le plus grand des honneurs, celui d'avoir servi sour un tel capitaine : est-ce à moi à vous parler de Cathelineau, à chercher à le faire connaître à ceux qui ont partagé ses périls et sa gloire ? Combien de fois, braves guerriers, guerriers sans peur, comme sans reproches, ne l'avez-vous pas vu, méprisant et le nombre et la puissance, ne considérant que les maux de la Religion et du trône de Saint-Louis, se précipiter au milieu des bataillons ennemis, et, le sabre à la main, venger le ravage de nos pays ?

Déjà, en revoyant cette image chérie, nous nous rappelons tous et Chemillé et Cholet, et Fontenay et Saumur, et tant d'autres lieux qui ont été les théâtres de la gloire du Général qui eut autant de modestie que de génie et de bravoure.

Vendéens, le voilà enfin arrivé ce beau jour tant appelé par vos désirs et vos vœux ; Cathelineau va recevoir l'honneur dû à ses nobles travaux ; mais souvenez-vous quels sentimens transportèrent son cœur, et s'il ne craignit pas de verser son sang pour la défense de son prince, compagnons de sa gloire, soyons prêts à suivre son exemple, et répétons tous avec transport ce cri de reconnaissance et d'amour :

Vive le Roi!

DISCOURS DE M. LE C.te D'AUTICHAMP,

LIEUTENANT-GÉNÉRAL.

Messieurs,

Vous savez ce qu'éprouve le cœur d'une mère, si tout-à-coup s'offre à ses yeux l'image du fils chéri qu'elle a perdu. A des regrets cuisans, éternels, se joignent en foule de doux souvenirs. Elle aime à raconter ce qu'il fit de bon et d'honorable ; elle goûte un charme consolateur à rappeler ses qualités et ses vertus : ainsi, elle pleure, elle gémit sur la perte de son enfant, mais elle s'énorgueillit de ses actions et de la bonne renommée qui lui survit.

Messieurs, il fut le digne fils de la Vendée, celui dont vous contemplez ici la noble image ! Eh bien ! imitez cette mère dont je viens de parler, adoucissez l'amertume de trop justes regrets, par le souvenir de tout ce que fit Cathelineau.

Moi, qui tiens à grand honneur d'avoirservi et combattu sous ses ordres, je pourrais vous citer les faits glorieux qui ont signalé sa carrière militaire, trop courte, et pourtant si brillante. Je pourrais vous dire quelle était sa vaillance, son sang-froid, son coup-d'œil sûr et rapide, son humanité constante au milieu des désordres de la guerre civile. Je pourrais vous parler de cette admirable modestie qu'il garda dans le rang supérieur où l'éleva la confiance générale ; je pourrais enfin vous offrir, comme la chose la plus digne d'être louée en lui, cette douce et fervente piété qui lui mérita le surnom le plus rare qu'un général d'armée ait jamais porté.

Entre la journée de Chalonnes et celle de Nantes, il n'y a qu'un laps de temps fort court; et cependant, comme cet intervalle est rempli, ici des noms propres suffisent pour tout exprimer : la bataille de Chemillé, la revanche prise à Fontenay, l'attaque de Doué, celle de Montreuil, la prise de Saumur.... voilà tracée en peu de mots l'étonnante carrière de Cathelineau. Il avait été le premier à combattre pour l'autel et le trône, il fut aussi le premier à mourir pour leur cause sacrée.

C'est ainsi, qu'après avoir précédé sur les champs de bataille les d'Elbée, les Bonchamps, les Charette, les Lescure, les Larochejacquelein, les Stofflet, les Susannet, et tant d'autres chefs illustres, il les devança dans l'immortalité.

Messieurs, en songeant à ce qu'était Cathelineau

avant le jour mémorable où il entra dans Chalonnes, on se demande qui a pu d'un simple paysan faire tout-à-coup un général habile. Où donc avait-il puisé cette nouvelle vie, celui qui, à la bataille de Chemillé, se montra d'abord si supérieur à lui-même? Ce bon paysan, qui l'avait doué de toutes les qualités d'un général expérimenté? Qui avait façonné cette ame si ardente, sans la consumer des feux d'une ambition que d'éclatans succès pouvaient légitimer? Qui a élevé Cathelineau au plus haut grade de l'armée, sans que l'amour-propre de tant de militaires et de gentilshommes en fût blessé? Messieurs, le doigt de Dieu se montre ici dans toute sa puissance. On ne saurait le nier. Dieu inspira Cathelineau.

Cathelineau était pieux, de mœurs austères, il était bon et juste; son ame se révolta, en voyant notre sainte religion outragée, l'auguste famille des Bourbons immolée et proscrite, et il se dit sans doute que Dieu ne pouvait tolérer et pardonner de semblable forfaits. S'armer pour les châtier, pour en préserver son pays, fut pour lui un devoir rigoureux, et confiant dans la protection divine, il s'abandonna à toute l'énergie que lui inspirait cette confiance.

Après la victoire signalée remportée à Saumur, le modeste habitant du Pin-en-Mauges, nommé général en chef, put croire qu'il était appelé à devenir le restaurateur de la monarchie française! Dieu en disposa autrement: Nantes vit la fin de ses exploits, et Saint-Florent fut le témoin de ses derniers instans.

Messieurs, la France compte au nombre de ses héros une simple et modeste paysanne..... La France a rangé parmi ses guerriers révérés le modeste et simple paysan de la Vendée!.....

Bénissons, honorons à jamais sa mémoire. Et puisse-t-il se survivre dans le fils qu'il nous a laissé! Déjà cet héritier d'un si beau nom sert le Roi avec dévouement, et, j'en réponds, au jour du danger, il se souviendra qu'il s'appelle Cathelineau!

Dans cette circonstance qui rappelle si bien le dévouement, je me trouve heureux d'être chargé de la part du Roi de distribuer en son nom, une nouvelle preuve de son souvenir, pour les anciens défenseurs de la monarchie : ceci ne peut regarder cependant que les plus nécessiteux, et je compte sur MM. les chefs de division de mon ancienne armée, pour m'aider dans cette distribution. Vive le Roi! vivent les Bourbons!

DISCOURS DE M. DE CHANTREAU,

SOUS-PRÉFET DE BEAUPREAU.

Braves Vendéens,

Pénétré d'admiration pour la gloire de votre premier généralissime, un noble Chevalier avait voté, dans l'élan de son cœur, un monument à la mémoire de Cathelineau. Ce vœu de l'honneur s'accomplit en ce jour heureux, où tous les sentiments doivent à la fois être satisfaits (1).

Peut-être en acceptant le précieux dépôt confié à votre fidélité, éprouviez-vous l'embarras de la reconnaissance; rassurez-vous, généreux Vendéens, c'est le père de la commune patrie : c'est Charles le bien aimé qui veut acquitter cette dette sacrée; il a donné son auguste suffrage à l'œuvre de l'admiration, et le modeste auteur de ce beau monument se trouve payé avec usure, par la présence du Nestor des généreux Vendéens (2) qui a reçu du Roi l'honorable mission de présider cette cérémonie.

Noble Chevalier, qui avez si bien mérité de cette contrée fidèle, sans doute vous lisez ici partout

(1) M. le Ch. de L.... atteste ici la vérité des paroles de M. de Chantreau. Etant émigré, pénétré d'admiration à la lecture des éclatantes actions des Vendéens, il se promit d'élever un monument à leur premier général, si jamais, rentré en France, ses moyens le lui permettaient.

(2) M. le Lieutenant-Général comte de Sapinaud.

l'expression de la satisfaction publique. Ces Vendéens de toutes les parties du Bocage, ces chefs que décorent les signes de l'honneur, ce général si aimé de ses braves Angevins(1), dont la vue porte toujours le bonheur parmi eux; enfin(2) cette veuve de l'illustre compagnon d'armes de Cathelineau; tous, par leur présence, vous parlent éloquemment de leur gratitude et proclament que votre nom restera désormais uni dans la Vendée à celui du héros dont vous avez pris soin de reproduire les traits; union honorable, union chère surtout au modeste, mais digne héritier du beau nom de Cathelineau, qu'honore en ce jour cette éclatante assemblée de pairs, de députés, de magistrats, d'officiers-généraux et des plus notables habitants de l'Anjou et des provinces voisines, formée par le désir commun de déposer le tribut d'un légitime respect au pied de la statue du Héros qu'inspirèrent la foi religieuse et le dévouement à la royauté.

O Vendéens, que cette solemnité renferme d'éloquentes leçons! Qui n'y verrait les destinées différentes de la vérité et du mensonge, de la justice et du crime? Dans un temps de funeste mémoire, les apôtres de la philosophie moderne essayèrent d'élever des autels à des divinités mensongères, et de mettre un culte idéal à la place du culte saint qui repose sur les dogmes de l'éternelle vérité. Que sont-elles devenues ces solemnités factices qui faisaient rougir la vertu, alors que le crime recevait les honneurs de l'apothéose? Elles sont effacées de la mémoire des hommes et s'il en reste quelque souvenir, ce n'est que par l'impression d'horreur qu'elles ont laissée.

Mais, au contraire, si la justice a eu ses moments d'épreuve, et s'il a été donné à la malice des hommes d'en triompher pour un temps, ses combats et ses souffrances sont devenus pour elle des titres de gloire, écrits désormais en caractères iné-

(1) M. le Lieutenant-Général comte d'Autichamp.

(2) M.me la marquise de Bonchamps.

façables sur les fronts qui ne se courbèrent jamais devant l'impiété.

Tels sont les beaux souvenirs de la Vendée, source inépuisable de ces fêtes imposantes qui se succèdent chaque année au sein de cette contrée fidèle à Dieu, fidèle au Roi.

Puissent ces monuments consacrés au souvenir d'une lutte aussi étonnante qu'héroïque, être des documents à jamais impérissables et toujours puissants sur les générations futures! puisse surtout cette image d'un Héros chrétien, dont les vertus, plus encore que la valeur, assurèrent la gloire immortelle, être toujours le *palladium* de ce bon pays!

Braves Vendéens, il me reste un devoir à remplir; depuis long-temps vous appelez de tous vos vœux l'érection d'un monument à la mémoire du successeur de Cathelineau, dans le commandement suprême de la Vendée, du brave, du pieux d'Elbée. Ces vœux m'ont été souvent exprimés, et je n'ai pu que regretter avec vous, jusqu'ici, de les voir restés si long-temps sans effet; mais le moment est venu de remplir cette longue attente, et c'est au pied de la statue de Cathelineau, qu'il faut voter l'hommage auquel son successeur a des droits sacrés: c'est aujourd'hui qu'il faut, par nos offrandes, en assurer l'exécution.

Soldats du brave d'Elbée, si souvent témoins et compagnons de ses exploits, Vendéens de tous les temps et de toutes les contrées, Français admirateurs de sa gloire et de sa mort héroïque, venez tous inscrire vos noms sur la liste de la souscription qui va s'ouvrir sous d'aussi favorables auspices.

Les hommages que l'on rend à la mémoire des hommes vertueux, honorent ceux qui proclament leur gloire, et sont en même temps d'utiles enseignements pour la postérité: il faut donc que les beaux exemples qui ont été donnés dans ce fidèle pays, soient transmis soigneusement aux enfants des braves: c'est le moyen d'y conserver un attachement inviolable à la foi de nos pères, et une fidélité sans bornes à l'auguste et chère famille des Bourbons : c'est le moyen de préparer au noble fils de Berry, à l'enfant du miracle, des sujets dévoués qui, dans le danger comme dans la paix, fassent toujours entendre, ainsi que leurs pères, ces cris à jamais français.

Vive le Roi ! vivent les Bourbons. !

DISCOURS DE M. LE CH.[er] DE LOSTANGES.

Au juste tribut d'éloges que vous méritez, je viens ajouter un seul mot pour vous faire connaître tout l'intérêt dont le Roi, dans sa bonté et sa justice, ne cesse d'honorer ses fidèles Vendéens, qu'il sait avoir été volontairement, au prix de leur sang et des sacrifices les plus chers, les plus fermes appuis de son trône. C'est une vérité qu'il s'est plu à divulguer à toute l'Europe, lors de ses négociations avec les puissances alliées en 1814. Il leur fit déclarer que, lui aussi, devait être considéré comme ayant pris une part active à la coalition, y ayant toujours été représenté par l'armée de Condé et par les armées catholiques et royales, qui, combattant avec tant d'éclat pour sa cause, n'avaient cessé de proclamer le Roi pour leur chef. Cette déclaration donnait encore plus de poids à ses droits, d'ailleurs suffisamment exprimés par le vœu unanime de tous les français. Ainsi, vos généreux efforts, illustres Vendéens, ont toujours été estimés et appreciés par le cœur du Roi ; car vous savez et vous l'avez héroïquement prouvé, qu'en France le Roi ne meurt jamais. Aussi avez-vous été les premiers à proclamer en France l'infortuné Louis XVII, et depuis, à chaque fois que vous avez pris les armes, le cri, *vive le Roi* vous a servi de ralliement.

Glorifiez-vous donc de la justice que le Roi a daigné vous rendre aux yeux de toute l'Europe : jouissez d'une récompense aussi flatteuse et aussi honorable;

qu'elle vous console, qu'elle vous persuade que vos nombreux et sanglants combats, votre fidélité à la religion et à la royauté ont été appréciés, comme ayant puissamment contribué au triomphe de la souveraineté légitime, et par conséquent au salut et à la prospérité de la France. Et tel était en effet le but que s'était proposé celui dont nous célébrons aujourd'hui la mémoire, lorsqu'abandonnant à la Providence tout ce qu'il avait de plus cher, il se mit à votre tête pour sauver, disait-il, l'autel, le trône et la France.

Aujourd'hui même, vous voyez sous vos yeux une preuve marquante de la bienveillance du Roi. Il veut être présent à votre fête; il s'y fait représenter par le plus ancien de vos illustres chefs; à côté de lui, est le général chéri des Angevins, parent et ami de l'immortel Bonchamps, que le Roi, prévenant vos vœux, vous donna pour général, lorsque son trône fut momentanément ébranlé en 1815.

Un autre témoignage de sa bienveillance royale est la distribution que j'ai l'honorable commission de faire de la somme de 1,000 fr. pour les habitans de cette commune, anciens compagnons d'armes de Cathelineau, ou indigens de leurs familles: il y ajoute encore 200 fr. pour les besoins de l'hospice fondé par votre charité, et S. A. R. M.me la duchesse de Berry accorde 100 fr. pour le même objet.

Qu'il me soit permis, braves habitans du Pin, de profiter de cette occasion pour faire connoître combien je suis pénétré de vénération pour vos sentiments essentiellement vertueux, religieux et royalistes. Conservez-les, que tout étranger qui viendra ici, comme en pélérinage de fidélité à l'autel et au trône de S. Louis, visiter le monument et la modeste maison où reçut le jour l'illustre héros que vous fêtez aujourd'hui, croye voir dans chacun de vous un autre Cathelineau.

Vendéens dont les drapeaux flottent avec tant de glorieux souvenirs sur cette place, nommée *place*

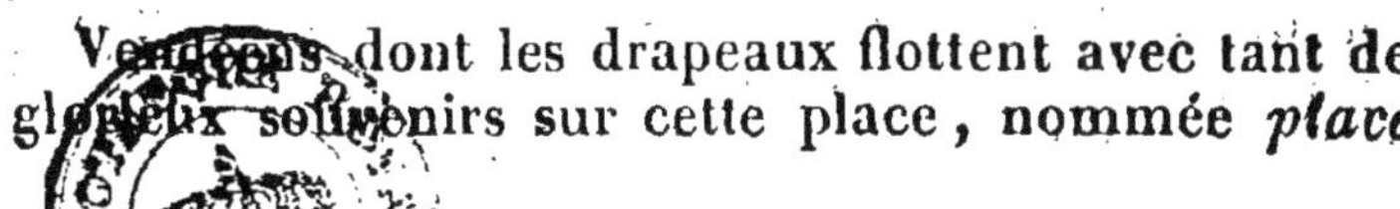

Cathelineau, pour que ce nom à jamais mémorable soit dans toutes les bouches, comme il est dans tous les cœurs; soyez donc touchés, confiants, reconnoissants de tant de témoignages de l'intérêt et de la bienveillance royale, et goûtant ce sentiment si noble d'attachement mutuel dont le Roi vous honore et que vous lui portez; que ce soit, à l'exemple de vos prédécesseurs, avec toute l'effusion de vos cœurs, qu'élevant vos voix et vos vœux jusqu'au ciel, vous fassiez entendre ce cri si naturel, si enivrant pour tout Français : Vive le Roi !

DISCOURS DU FILS DU GÉNÉRAL CATHELINEAU,

AU PIED DE LA STATUE DE SON PÈRE.

Messieurs,

Quel homme, à ma place, ne surmonterait pas sa timidité naturelle, et pourrait contenir les mouvemens de son cœur; lorsqu'en ces lieux, chacun se montre électrisé par le souvenir de mon père, son fils reterait-il seul insensible ? O mon père ! s'il est vrai qu'il soit permis aux morts d'être témoins des choses d'ici bas, viens animer un instant cette pierre qui retrace ton image ! souris à cette chaumière qui te vit naître et que l'œil aperçoit à peine au milieu des humbles toits qui l'environnent.

Que ton cœur tressaille de joie à l'aspect de tous ces braves, liés jadis d'affection et de périls avec toi; dis combien te sont chers ces honneurs rendus à ta mémoire, et quel noble prix de tes travaux tu reçois ici par ce concours de tant de personnages distingués. O mon père, entends aussi la voix de ma reconnaissance et de mon amour ! toute ma vie je verrai en toi le principe des bontés royales que ton nom fait rejaillir sur ta famille; toute ma vie j'aurai pleuré ta perte ; et dans l'occasion , c'est de toi que j'apprendrai à combattre, à succomber s'il le faut avec la croix des martyrs et l'épée de la fidélité.

Messieurs, j'aurais dû commencer par vous parler de mes remercîments ; pourquoi faut-il qu'il me soit impossible de reproduire dans ce discours toute l'effusion de mon cœur ? Daignez n'en pas moins agréer l'expression bien imcomplette de ma profonde gratitude.

Et vous, M. le Chevalier, en quels termes pourrais-je vous rendre mes sentimens ? vous nommer... c'est proclamer toutes les obligations que nous vous avons ma famille et moi ; c'est rappeler les belles conceptions que vous inspira votre génie et dont l'heureuse exécution atteste votre noble générosité. Croyez que vous serez à jamais vénéré, chéri des Vendéens ; et que lorsque, de cette contrée, chaque famille viendra consulter dans cette enceinte votre recensement des guerriers qui ne sont plus, le nom du Chevalier de Lostanges sera dans toutes les bouches, son souvenir dans tous les cœurs.

Vous mes enfants, concevez bien tout ce que vous devez au nom de votre grand-père. Pour devenir dignes de lui, rappelez-vous qu'il ne servit son Roi, que parce qu'il servait son Dieu. Ah ! que votre frère eût bien compris ce langage ! que ce jour l'eût rendu heureux ! si jeune encore, il était déjà votre modèle, il me donnait des consolations précoces, et ses derniers moments m'ont laissé la confiance que mon père, au sein du bonheur, aura reçu avec joie son petit-fils.

Messieurs, pardonnez mon émotion ; je devais à mes enfants de leur proposer pour guides leur aïeul et leur frère. J'espère qu'ils n'oublieront jamais en quelle circonstance je leur retrace de pareils souvenirs. Cette journée devient pour moi le gage solemnel de leur bonne conduite, et mon ambition sera satisfaite en mourant, si n'ayant pu leur laisser de moi qu'une mémoire sans éclat et trop au-dessous de celle de mon père, je leur ai du moins transmis son amour pour notre religion sainte, son dévouement pour nos Rois.

Vive le Roi! vivent les Bourbons!

CHANSON

DE

CATHELINEAU,

PAR UN DE SES COMPAGNONS D'ARMES,

CHANTÉE LE 9 AOUT 1827, LE JOUR DE L'INAUGURATION DU MONUMENT ÉRIGÉ A SA MÉMOIRE.

Air d'une ronde nantaise.

1.er

Célébrons Cathelineau,
Le premier de nos héros,
En chantant de cœur et d'esprit
Ce pieux refrain qu'il nous apprit :
Vivent l'autel et la foi,
Vivent la France et son Roi !

2.e

Son front était radieux,
Il plaisait à tous les yeux ;
Son air était toujours joyeux,
Adroit et leste à tous les jeux,
Laborieux, industrieux,
De chanter il était heureux :
Vivent l'autel et la foi,
Vivent la France et son Roi !

3.e

Intrépide en combattant,
Doux, affable en triomphant,
Ayant le cœur des anciens preux,
Noblesse d'ame et généreux,
Il consolait les malheureux
Par son refrain religieux :
Vivent l'autel et la foi,
Vivent la France et son Roi !

4.e

Il brilla peu de momens,
Ce héros de tous les temps,
Grand général, brave soldat ;
Au récit de ses grands combats,
Qui lui méritent tant d'éclat,
La France avec nous chantera :
Vivent l'autel et la foi,
Vivent la France et son Roi !

5.e

Apprenant l'événement
De la veille, à Saint Florent ;
Amis, dit-il, il faut partir ;
Jurons tous, par le Roi martyr,
Le vengeant, de vaincre ou mourir :
Vivent l'autel et la foi,
Vivent la France et son Roi !

6.e

Restant, il faudrait périr,
Comme des lâches mourir ;
Armons-nous, sans perdre de temps,
Attaquons ces affreux tyrans,
Le ciel est pour les braves gens.

Soyez confians , en chantant :
Vivent l'autel et la foi ,
Vivent la France et son Roi !

7.e

Le feu brillait dans ses yeux ;
Nous sentions nos cœurs en feu ;
Oui , dîmes-nous , commandez-nous ,
Partout nous irons avec vous ;
Combattant , nous chanterons tous :
Vivent l'autel et la foi ,
Vivent la France et son Roi !

8.e

Lors , Cathelineau voyant
Sa femme et ses cinq enfans :
Grand Dieu , dit-il , veille sur eux ,
Protége-les , rends-les heureux ;
Je ne forme plus qu'un seul vœu ,
Servir mon Roi, servir mon Dieu :
Vivent l'autel et la foi ,
Vivent la France et son Roi !

9.e

Le jour même nous partons ,
Trente braves compagnons ,
Nous armant comme nous pouvons
De faulx , de fourches et bâtons ;
Le cœur vaut bien fusils , canons ,
Puisque pour Dieu nous combattons :
Vivent l'autel et la foi ,
Vivent la France et son Roi !

10.e

A la Poit'vinière allant ,
Sur Jallais nous dirigeant ,

Nous prîmes cinquante bons gas,
Tous courageux, vaillans soldats,
Ils étaient prêts, nous attendant,
Ils nous reçurent en chantant;
Vivent l'autel et la foi,
Vivent la France et son Roi!

11.e

En face de l'ennemi,
Quand Cathelineau nous mit;
Allons, dit-il, braves amis,
Changeons nos champêtres outils,
Contre leurs canons, leurs fusils;
Son regard seul nous enhardit;
Ce fut fait aussitôt que dit,
Leur déroute suivit nos cris:
Vivent l'autel et la foi,
Vivent la France et son Roi!

12.e

Fiers de ces premiers succès,
Suivant l'ennemi de près,
De Chemillé nous le chassons,
Abandonnant leur lourds caissons;
Dans nos chemins, dans nos buissons
Tout fuyait devant nos chansons:
Vivent l'autel et la foi,
Vivent la France et son Roi!

13.e

Le lendemain, nous partons,
Fiers d'avoir fusils, canons;
En route, nous joignons Stofflet;
Ensemble nous prenons Cholet,
Où l'arbre de la liberté
Fait place à la fidélité;

Et sa chute nous fit chanter :
Vivent l'autel et la foi,
Vivent la France et son Roi!

14.e

De simples bons paysans,
Nous voilà des conquérans;
L'ennemi d'abord nous raillait,
Mais ensuite nous redoutait,
Surtout, quand il nous entendait
Chanter ces mots qu'il haïssait :
Vivent l'autel et la foi,
Vivent la France et son Roi!

15.e

Notre beau tambour-major
Du Dieu Mars avait le port;
Aussi ferme qu'un canon,
Père La Ruine est son nom :
Une canne à pomme d'argent,
Cheveux tressés, poudrés à blanc,
Chapeau bordé, panache blanc,
Servant de guide aux combattans,
Au champ d'honneur, toujours chantant
Vivent l'autel et la foi,
Vivent la France et son Roi!

16.e

Le petit tambour Crouston,
Sans sabre, ni mousqueton,
Chassait les bleus, tambour battant
Dessus son petit cheval blanc;
Jeune et petit, son cœur est grand,
En avant, galoppant, chantant :
Vivent l'autel et la foi,
Vivent la France et son Roi!

17.e

Lorsque le tocsin sonnait,
On s'armait et l'on partait,
On se joignait au commandant,
N'ayant pour mot de rallîment
Que de Cathelineau le chant :
Vivent l'autel et la foi,
Vivent la France et son Roi!

18.e

Pour uniforme, on portait
A son col, son chapelet;
Sur sa poitrine, un sacré cœur;
Et notre guide étant l'honneur,
Au chapeau, le panache blanc,
Nous distinguait en combattant;
Et nous marchions priant, chantant :
Vivent l'autel et la foi,
Vivent la France et son Roi!

19.e

Profitant de nos succès,
Serrant l'ennemi de près,
Nous sommes vainqueurs à Vihiers,
Une autre fois à Chemillé,
A Chalonnes, comme à Montjean,
A S.t-Florent, partout chantant :
Vivent l'autel et la foi,
Vivent la France et son Roi!

20.e

Les braves d'Elbé, Bonchamps
Ainsi que leurs bons brigands
S'unissent à nous, en disant :
N'ayons qu'un corps de Vendéens,

Bretons, Poitevins, Angevins
Chantant tous le même refrain :
Vivent l'autel et la foi,
Vivent la France et son Roi!

21.e

Marchons contre ces vauriens,
Ennemis des bons chrétiens,
Pataux, libéraux, jacobins,
Philosophes, républicains,
De nos princes les assassins;
Chassons-les, au son du refrain :
Vivent l'autel et la Foi,
Vivent la France et son Roi!

22.e

Unis à nos nouveaux chefs,
On attaque derechef;
On prend Cholet et Boisgroleau,
Par ruse de Cathelineau;
Et puis, Vezins, Coron, Vihiers,
Chantant jusqu'aux murs de Doué :
Vivent l'autel et la foi,
Vivent la France et son Roi!

23.e

La chapelle du Genet
Nous offre un nouveau succès;
Ce poste emporté par Bonchamps,
Facilite à Cathelineau
Le moyen de prendre Beaupreau,
Où tous deux entrent en chantant :
Vivent l'autel et la foi,
Vivent la France et son Roi!

24.[e]

Bientôt après, nous partons
Et nous prenons Argenton,
Grâce à Larochejaquelein,
Ce nom si cher au Vendéen
Augmente l'effet du refrain :
Vivent l'autel et la foi,
Vivent la France et son Roi!

25.[e]

On prend Bressuire et Clisson,
On délivre de prison
Lescur, Marigny, Donnissan;
Quand ils parurent dans nos rangs
Du ciel on entendit nos chants :
Vivent l'autel et la foi,
Vivent la France et son Roi!

26.[e]

Quoique très-bien défendu,
Thouars nous est bientôt rendu :
Un Vendéen * prête son dos,
Henri dessus parvient plus haut,
Gravit le mur, monte à l'assaut,
Entre et chante avec son drapeau,
Qui couvrait son front de héros :
Vivent l'autel et la foi,
Vivent la France et son Roi!

27.[e]

Après un succès si beau,
Le brave Cathelineau,
Joint à d'Elbé qu'il révérait,
Va s'emparer de Parthenay,

* Texier, de Courlay en Poitou.

Triomphe à la Chataigneray,
Tous deux, de bon accord, chantaient :
Vivent l'autel et la foi,
Vivent la France et son Roi!

28.e

A Fontenay, malgré lui,
On attaque l'ennemi,
On est battu par un malheur,
Mais toujours on sauve l'honneur,
On chante, l'espoir dans le cœur,
Une autre fois, plus de bonheur ;
Quand même, vive le Roi!
Vivent l'autel et la foi!

29.e

Sapinaud, Bonchamps unis,
Et tous les chefs réunis,
Vainqueurs à la Chataigneray,
Entrent jusques dans Fontenay ;
Après un succès aussi beau,
De bon cœur chantaient nos héros :
Vivent l'autel et la foi,
Vivent la France et son Roi !

30.e

Nous reprenons nos canons,
Marie-Jeanne de renom,
Des armes et munitions,
Poudre et balles plein les caissons,
Et le trésor rempli d'argent,
Qui fit chanter plus haut nos gens :
Vivent l'autel et la foi,
Vivent la France et son Roi !

31.e

Trois mille bleus sont rendus
Après les avoir tondus ,
Ce qu'on faisait avec gaîté ;
Nos gens , pour mieux les tourmenter ,
Près d'eux ne cessent de chanter :
Vivent l'autel et la foi ,
Vivent la France et son Roi !

32.e

L'avis de Cathelineau
Est de marcher au pluôt ,
Sur Saumur , Angers et Paris ;
On part , pour suivre son avis ,
Henri , d'Elbé , Stofflet , Bonchamps
Sont en avant , toujours disant :
Vivent l'autel et la foi ,
Vivent la France et son Roi !

33.e

On arrive à Concourson ,
On s'y bat comme des lions ,
Par un boulet , le général ,
D'un coup brutal , perd son cheva
Mais lestement se relevant ,
Suivez-moi , dit-il , en avant :
Vivent l'autel et la foi ,
Vivent la France et son roi!

34.e

Après deux combats sanglans
Cathelineau triomphant ,
Avec ses braves dévoués
Poursuit les bleus jusqu'à Doué ,

Donnissan, Lescure et Henri,
Avec lui chantaient l'air chéri :
Vivent l'autel et la foi,
Vivent la France et son Roi !

35°.

Mais malgré tout son orgueil,
L'ennemi devant Montreuil,
Est dispersé complettement,
Grâces aux soins de Donnissan,
Et ses canons mis en avant,
A leur bruit se mêlaient nos chants :
Vivent l'autel et la foi,
Vivent la France et son Roi !

36.°

On arrive sous les murs
De la ville de Saumur ;
Notre brave Cathelineau
Se présente sous le château ;
Marigny, Stofflet à Bournan,
Lescure à gauche combattant,
Devant les marais de Varrins,
Se bat Larochejaquelein,
Chantant avec ses Poitevins :
Vivent l'autel et la foi,
Vivent la France et son Roi!

37.°

Le combat est des plus chaud,
Mais enfin Cathelineau
Découvrant un nouveau moyen,
Guide Larochejaquelein
Qui, tout obstacle renversant,
Passe le pont, entre en chantant :
Vivent l'autel et la foi,
Vivent la France et son Roi !

38.e

Nos lauriers cher achetés ,
Laissèrent à regretter
Domagné , qui reçut la mort
Jeune et digne d'un meilleur sort ,
Afflable et doux en commandant ,
Par sa piété se distinguant ;
Les pleurs accompagnaient nos chants ,
Vivent l'autel et la foi ,
Vivent la France et son Roi !

39.e

Le château , le lendemain
Capitula le matin ,
Quatorze cents prisonniers ,
Affuts , canons et mortiers ,
Chevaux , chariots, vêtemens ,
Poudre , fusils et fournimens ;
Devant un si riche butin
Dansait , chantait le Vendéen :
Vivent l'autel et la foi ,
Vivent la France et son Roi !

40.e

Les ennemis tout surpris
De voir Saumur ainsi pris ,
Disaient , vous triomphez de nous
Qui sommes mieux armés que vous.
C'est que Dieu combat avec nous ,
Et que de cœur nous disons tous :
Vivent l'autel et la foi ,
Vivent la France et son Roi !

41.e

C'est qu'aimant son Dieu , son Roi ,
Fidèle à la sainte loi ,

Le Vendéen brave la mort,
Tranquille il se livre à son sort,
Et qu'en mourant il dit encor :
Vivent l'autel et la foi,
Vivent la France et son Roi

42.°

Si nous sommes mal armés,
Nos bataillons mal formés,
Dans notre cœur est un Bourbon,
Pour seconde religion ;
Tous vos canons ne valent pas,
Ce chant affermissant nos pas :
Vivent l'autel et la foi,
Vivent la France et son Roi !

43.°

Vous servez sans savoir quoi ;
Et nous, c'est Dieu et le Roi :
On vous force à la liberté,
Et nous de bonne volonté
Servant la légitimité,
Conservons la fidélité,
Au refrain de tout temps chanté,
Vivent l'autel et la foi,
Vivent la France et son Roi

44.°

Voulant un seul commandant
Les chefs unanimement
Nomment par un acte légal,
Cathelineau leur général ;
Le camp répond à ce bon choix,
Criant d'une commune voix :
Vivent l'autel et la foi,
Vivent la France et son Roi

45.e

Nous recevons dans nos rangs ,
Scépeaux , Talmont , d'Autichamp,
Et grand nombre de jeunes gens ,
Tous du plus saint zèle brûlant ,
Avec nous de bon cœur chantant :
Vivent l'autel et la foi ,
Vivent la France et son Roi !

46.e

Ne craignant plus de dangers ,
On marche et l'on prend Angers ;
On veut de Nantes s'assurer ,
S'unir aux Bretons conjurés
Qui , déjà dans le Morbihan ,
Cadoudal étant commandant ,
Et la troupe de Jean Chouan ,
Comme nous combattaient , chantant :
Vivent l'autel et la foi ,
Vivent la France et son Roi !

47.e

Digne de Cathelineau ,
De l'Europe le héros ;
Le grand Charette joint à nous ,
Avec ses braves du Loroux ,
S'avance en chantant comme nous :
Vivent l'autel et la foi ,
Vivent la France et son Roi !

48.e

Secondant Cathelineau ,
Il prend poste aux ponts Rousseau
Les Loroux unis aux Bonchamps ,
Gardent le faubourg Saint-Clément ;

A leur droite, les Vendéens
De Rennes, par le grand chemin
Attaquent au cri du refrain :
Vivent l'autel et la foi,
Vivent la France et son Roi !

49.^e

Dans la ville resserré,
L'ennemi désespéré,
Craignant de se voir entouré,
Ne pensait qu'à se retirer,
Menacé par les habitans,
Déjà près d'eux tout bas chantant :
Vivent l'autel et la foi,
Vivent la France et son Roi !

50.e

Mais hélas ! un coup fatal
Atteint notre général,
On l'emporte loin de nos rangs,
Disant quoiqu'en s'affaiblissant,
Courage, marchez en avant,
Et Dieu vous rendra triomphant :
Vivent l'autel et la foi,
Vivent la France et son Roi !

51.e

Conduit jusqu'à Saint-Florent,
On le soigne vainement ;
Les pleurs coulaient de tous les yeux ;
Lui seul toujours calme et pieux,
En grand héros ferme et constant,
Disait encore en expirant :
Vivent l'autel et la foi,
Vivent la France et son Roi !

52.e

Il devait être immortel,
Pour le trône et pour l'autel,
Ce martyr de fidélité,
De la foi, de la royauté,
Qui nous disait plus d'une fois,
Qui sert bien Dieu sert bien son Roi :
Vivent l'autel et la foi,
Vivent la France et son Roi !

53.e

Nous ses heureux successeurs,
Sur lui modelons nos cœurs,
Puisse le grand Cathelineau
De la France être le héros,
Et qu'imitant le Vendéen,
Tout Français chante son refrain :
Vivent l'autel et la foi,
Vivent la France et son Roi !

54.e

Mais notre but est rempli,
Le trône étant rétabli,
Accordant pardon et oubli,
Au nom de Dieu, mes chers amis,
Faisons grâce à nos ennemis,
Qu'ils soient Juifs, Turcs ou Jacobins,
Les changeant tous en bons chrétiens,
Mettons-les dans le bon chemin,
Faisons-leur aimer le refrain
Vivent l'autel et la foi,
Vivent la France et son Roi !

CHANSON

CHANTÉE A L'INAUGURATION DE LA STATUE

DE CATHELINEAU.

Air : DE LA MARCHE DE L'ARMÉE DE CONDÉ.

1.er

C'en est assez, ô filles de mémoire,
Ne pleurez plus le trépas des héros,
Le ciel paya leurs illustres travaux
Et leurs enfants héritent de leur gloire.

2.me

Cathelineau, toi l'orgueil du bocage,
En peu de temps, que tu vécus de jours !
On t'admira, nous t'admirons toujours,
Et ton renom volera d'âge en âge.

3.me

A cette fête où ton fils nous convie,
Où, retracés, vivent deux fois tes traits,
Nous y lisons qu'à ton prince à jamais,
Non moins qu'à Dieu, tu consacras ta vie.

4.me

Fameux héros de la Grèce ou de Rome,
Que nous importent aujourd'hui vos noms ?
Pour illustrer le sol que nous foulons,
Ne sait-on pas qu'il a suffi d'un homme?

5.me

Cet homme osa de l'hydre sanguinaire
Qui dévorait la France et ses enfants,
Braver soudain les foudres menaçants ;
Et la Vendée apparut toute entière.

6.me

Aux ordres saints du généralissime,
Que de travaux conduits en même temps ;
Que de combats, que d'exploits éclatants !
L'ennemi fuit, la Vendée est sublime.

7.me

Noble témoin de sa mort, de sa gloire,
Cher D'AUTICHAMP, toi qui l'as bien connu,
Va dire au Roi que tes yeux ont revu
Tes Angevins qu'aimait tant la victoire.

8.me

Pour CHARLES X toujours prêts à combattre,
Nous en jurons par ce saint monument,
Si l'hydre osait reparaître un moment,
On nous verrait courir sus et l'abattre.

Couplet adressé au chevalier de Lostanges *qui a édifié le monument.*

9.me

Toi, vieux guerrier, qui par ton noble zèle,
Et tes talents honoras la vertu,
A ton appel nos cœurs ont répondu;
L'honneur toujours est à l'honneur fidèle.

www.ingramcontent.com/pod-product-compliance
Ingram Content Group UK Ltd.
Pitfield, Milton Keynes, MK11 3LW, UK
UKHW022146190726
13855UKWH00004B/1359